★キャラぱふぇブックス★

すみっコぐらし パズルブック

しろくま

北はもう
だめだ…

ずるずる～

北からにげてきた、さむがりで
ひとみしりのくま。あったかい
お茶をすみっこでのんでいる時が
いちばんおちつく。

とくぎ：絵をかくこと　　性格：ひとみしり　　しゅみ：お茶

さむさたいさく

zz…

LEVEL 1　　LEVEL 2　　LEVEL 3

おまけパズル

しろくまが
スケッチブックに
かいているのは
だれ？

ぺんぎん？

自分はぺんぎん？
自信がない。
昔はあたまにお皿が
あったような…

昔こんなかんじ
だった
ような…？　→

自分がなにものか
さがす日々。
でも、みどり色の
ぺんぎんはどこにも
のっていない…

好物：きゅうり　　しゅみ：読書・音楽　　なぞの敵？：アーム

ぺんぎん？がつまみ
出されることが多い。

おまけパズル

この本の中に、
ぺんぎん？と
アームがいっしょに
出てくるところが
2か所あるよ。
なんページかな？

とんかつ

とんかつのはじっこ。
おにく 1%、
しぼう 99%。
あぶらっぽいから
のこされちゃった…

あ…

ピンク色の部分が
1%のおにく。

ぼーっとしている
ことが多い。

過去のトラウマを
思い出し、
ときどき暗くなる
ことも…

～とんかつアピールコレクション～

ソース　　　からし　　　お持ち帰り袋

おまけパズル

とんかつと同じ
お皿の上に
のっている
みにっコはだれ？

ねこ

ガリガリ

はずかしがりやで
体型を気にしている。
気が弱く、よくすみっこを
ゆずってしまう。

よくすみっこで
つめをといでいる。

なにかに隠れると
おちつく。

性格：けんきょ

どうぞ

周りに気を
つかっている。

好物：ねこ缶・魚・ねこ草など

理想のすがた

体型を気にしている
けど食べることが
大好き。

おまけパズル

この本の中に、
頭の上にてぬぐいを
のせたねこが
出てくるよ。
なんページかな？

とかげ

じつはきょうりゅうの生きのこり。つかまっちゃうのでとかげのふり。みんなにはひみつ。

おかあさん

なめくじなんていえないよ…

うん…

海にすむきょうりゅうの一種。おかあさんに会いたい。

森で「とかげ」としてくらしている。すみっコたちとお部屋のすみっこですごすことも多い。

にせつむりとなかよし。ひみつを知っているのはにせつむりだけ。

好物：魚　　特技：泳ぎ　　ともだちのとかげ（本物）

  すぃ——

おまけパズル

とかげは、おかあさんの絵をかざっているよ。この本のなんページかな？

とかげ（本物）

とかげのともだち。森でくらしている本物のとかげ。細かいことは気にしないのんきな性格。

とかげとなかよし

とかげ（本物）はとかげがきょうりゅうだということはまだ知らない…

性格：のんき

にてない…　？

おまけパズル

とかげ（本物）はこの本のなんページに出てくる？

ぺんぎん（本物）

しろくまが北にいたころに出会ったともだち。とおい南からやってきて世界中を旅している。

だいじ：ふろしき（ボーダー）

性格：フレンドリー

おみやげとおもいでがいっぱいつまっている。

だれとでもすぐなかよくなれる。

思い出話

おまけパズル

ぺんぎん（本物）は、この本の中で、あるお店の店員さんをやっているよ。何屋さんかな？

えびふらいのしっぽ

かたいから
食べのこされた。
とんかつとは
こころつうじる友。

たぴおか

ミルクティーだけ
先にのまれて
のこされてしまった。
ひねくれもの。

ふろしき

しろくまのにもつ。
すみっこのばしょとりや
さむい時に
使われる。

ブラックたぴおか

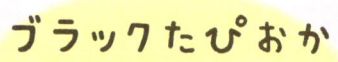

ふつうのたぴおか
よりもっと
ひねくれている。

ざっそう

いつかあこがれの
お花屋さんでブーケに
してもらう！という夢を
持つポジティブな草。

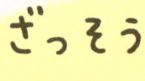

にせつむり

じつはカラをかぶったなめくじ。
うそついてすみません…

ほこり

すみっこによくたまる
のうてんきなやつら。

すずめ

ただのすずめ。
とんかつを気に入って
ついばみにくる。

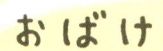

おばけ

屋根裏のすみっこに
すんでいる。こわがられたく
ないのでひっそりとしている。
そうじ好き。

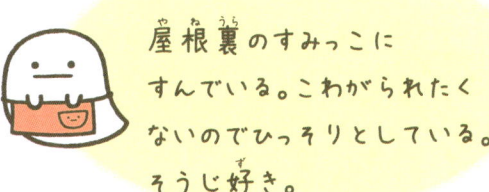

ふくろう

夜行性だけどなかよしのすずめに
合わせてがんばって昼間に起きている。
いつも目の下にクマができている。

もぐら

地下のすみっこでくらしていた。
上がさわがしくて気になり、
はじめて地上に出た。

もくじ

2〜5ページの おまけパズルの答え

おうち
パズル

おうち、お部屋、教室の中…。
いろんなところでパズルしよう☆

おまけパズル　とんかつが持っているアルファベットは何？

パズル1

すみっコたちが理想のおうちで楽しそうにすごしているよ。右ページの絵にあてはまるパズルのピースを選んでね。

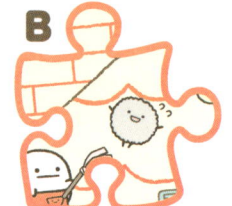

パズル2

右ページの絵の中から、左のたぴおかを探してね。

パズル3

ぺんぎん？が読んでいる本のタイトルは何？

パズル4

とんかつの冷蔵庫の中にある調味料は、ソース、タルタルソースと、あと何？

くつろぎ中のすみっコたち。
同じ組み合わせはどれとどれ？

①

②

パズル6

このポーズの
たぴおかはどこ？

たぴおか

みんなでねこの着ぐるみを着るみたい。
着ぐるみを着る前と、着た後のすみっコを線で結んでね。

すみっこぐらし™
ぽかぽかねこびより

見本と同じ順番でたどってね。
タテとヨコは自由に進んでOKだよ。
ナナメには進めないよ！

＼スタート／

ゴール

パズル12

すみっコたちがお勉強しているみたい。
左ページの絵をよく見てね。
机の下で手をあげているのはだれ？

パズル13

メガネをかけて
いるのはだれ？

パズル14

今日の日直はだれ？

パズル15

じかんわりを見てね。
火曜日の3時間目は
何をする予定？

パズル16

カベにピンクのチョークで
かかれたみにっコはだれ？

パズル17

えびふらいのしっぽが
持っている
本のタイトルは何？

パズル18

たぴおかは
全部で何匹？

すみっコたちがならんでいるよ。
同じならび順はどれとどれ？

パズル20

すみっコたちが
のんびりすごしているよ。
同じ組み合わせは
どれとどれ？

①

②

③

④

⑤

21

すみっコぐらし™
とことこみにっコ

ふわ～

ぱた
ぱた

とことこ…

ぱたぱた

とことこ…

ちゅん

とことこ…

じゅうたい

ぷる
ぷる

とことこ…

やってらんね

じゅうたい

Sumikko

…

とことこ…

どこどこ？

むぐ
むぐ

きゅうけい

こうごうせい

パズル**31**

このふろしきをつなげると、文字がうかんでくるよ。なんて書いてあるかな？

パズル**32**

このポーズのざっそうをつなげると、文字がうかんでくるよ。なんて書いてあるかな？

このポーズのたぴおかをつなげると、文字がうかんでくるよ。なんて書いてあるかな？

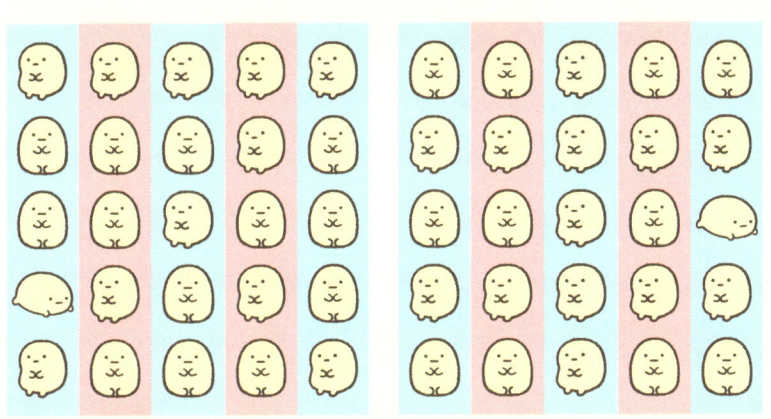

このポーズのえびふらいのしっぽをつなげると、文字がうかんでくるよ。なんて書いてあるかな？

おうち パズルの 答え

10〜11 ページ

パズル1 左の絵を見てね

パズル2

パズル3 おいしい きゅうりの 育て方

パズル4 からし

12〜13 ページ

パズル5 ①と⑤

パズル6

14〜15 ページ

パズル7

パズル8

パズル9

パズル10

16〜17ページ

パズル11

\スタート/

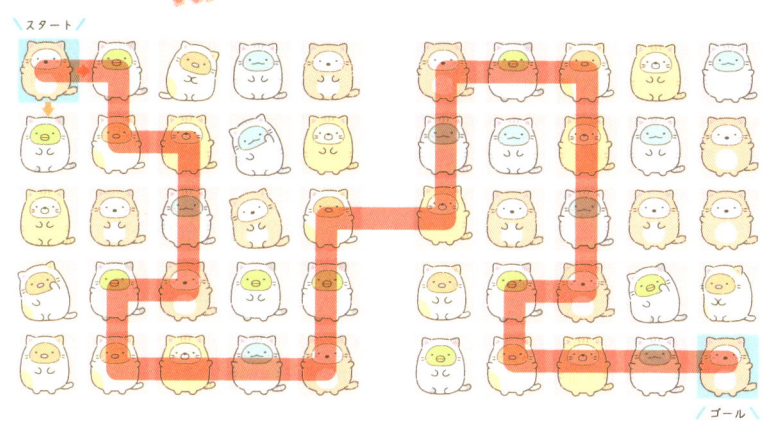

/ゴール＼

18〜19ページ

パズル13

ぺんぎん？

パズル14

ねことざっそう

パズル15

ひるね

パズル12

ざっそう

パズル16

ふろしき

パズル17

すみけん

パズル18

3匹◯

20〜21ページ

パズル19　❶と❹

パズル20　❷と❺

22～23 ページ

24～25 ページ

パズル31　フロ

パズル32　ミニ

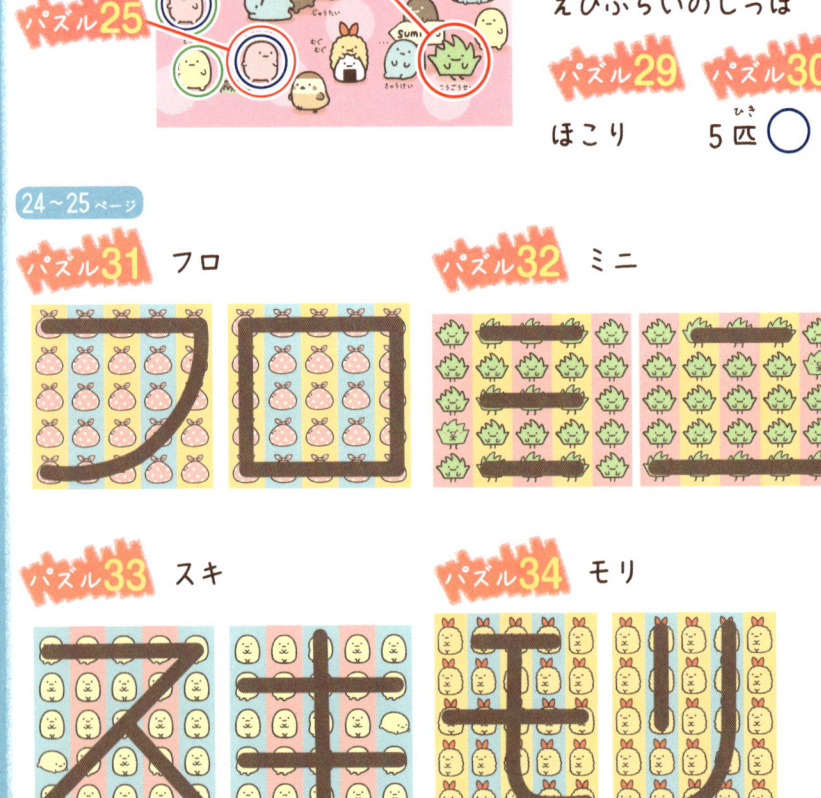

パズル33　スキ

パズル34　モリ

おでかけパズル

お買い物から森の中まで、
すみっコたちといっしょにおでかけしよう♪

おまけパズル 黄色いたぴおかが1匹だけ
いるよ。どこかな？

パズル35

すみっコたちが氷の上で楽しそうにすごしているよ♪
ひとりで泳ぐたぴおかをすべて集めて、ゴールをめざしてね。

パズル36　水色のたぴおかは全部で何匹？

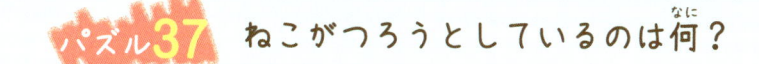

パズル37 ねこがつろうとしているのは何？

パズル38 とかげがかぶっている着ぐるみは何の動物？

パズル39 えびふらいのしっぽがかぶっている着ぐるみは何の動物？

ゴール

見本と同じ順番でたどってね。タテとヨコは

 見本

スタート

自由に進んでOKだよ。 ナナメには進めないよ！

パズル41

えびふらいのしっぽがはじめてのおつかいに来たよ。
右ページの絵にあてはまるパズルのピースを選んでね。

 **A**  **B**  **C**  **D**

パズル42

店員さんに変装している
すみっコはだれとだれ？

パズル43

にせつむりが
買ったものは何？

パズル44

トイレットペーパー
売り場のたなにいる
たぴおかは何色？

パズル45

ざっそうはどこ？

えびふらいのしっぽ の おつかい

くだもの
コーナー

あげものよう
レモン

森でとれた
りんご

みまもり

どきどき

ともだち

① だい

ご試食
コーナー！
おごさせウィンク

できたて
おそうざい

ししょく？

まねっこ

きゅうけい

ころんだ

たすけに きたよ

ともだち
できた

よかったね

② しょうかい

③

④ いいの みつけた

すみっコたちが温泉に来たよ。
下の「お風呂に入る順番」を読んで、
それぞれの絵に番号を書き入れてね。

お風呂に入る順番
① ふろおけを持って行く
② のれんをくぐる
③ 服をぬいだらカゴに入れる
④ 体重をはかる　⑤ 体を洗う
⑥ 体をかくす　⑦ お湯につかる
⑧ 足湯に入る　⑨ 体をかわかす
⑩ 牛乳を飲む　⑪ 休憩する

ぶるっ

すみっコの湯

足湯

休憩所

99%

パズル47

すみっコたちが旅をしているよ。
上下の絵の中に、赤い帽子の
たぴおかが1匹だけいるよ。
どこかな？

パズル48

切手は
なんまいある？

パズル49

カギはいくつある？

パズル50

赤い風船はいくつある？

パズル**51**

下の絵の中から、
切手と同じ服装の
すみっコを探してね。

Shirokuma

3,35 S

Penguin?

3,35 S

おまけパズル**1**

スミッシーは
どこ？

おまけパズル**2**

木に隠れてる
たぴおかは
どこ？

40

Tonkatsu
3,35 S

Neko & Zasso
3,35 S

Tokage
3,35 S

BUS

Omekashi

Nyukoku shinsa

Fish Market

Tower

kuda sai

buru

buru

Center

WEST
EAST

Maigo

Onsen

Art

Yama

Vacation

Sumikko

toko

toko

Sumisshi

Sumikko tour

おまけパズル3

サボテンは
どこ？

41

Sumikkogurashi™

Tokage no ochi ni asobi ni ikimashita.
Minna issho ni mori no naka de asobimashita.

パズル52

すみっコたちが、とかげのおうちにあそびに来たよ。
左ページの絵の中に、とかげは何匹いる？

パズル53

きのこは何匹いる？

パズル54

もぐらを探してね。

パズル55

ほこりを探してね。

パズル56

すずめと
なかよしのみにっコ、
ふくろうはどこ？

パズル57

木になっている実は
全部でいくつ？

タテ、ヨコ、ナナメの列に、それぞれ違うすみっコを入れよう。

パズル59

だれのシルエットかな？

パズル60

だれの
シルエットかな？

パズル61

だれのシルエットかな？

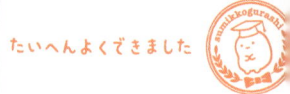

おでかけパズルの答え

たいへんよくできました

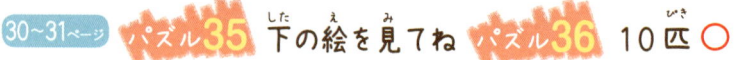

30〜31ページ

パズル35 下の絵を見てね　パズル36 10匹 ○

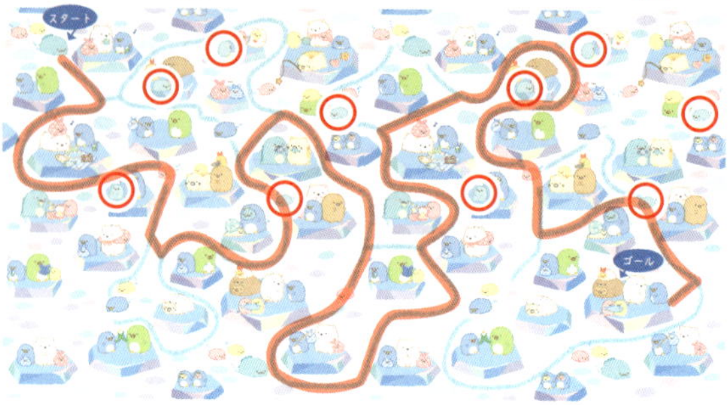

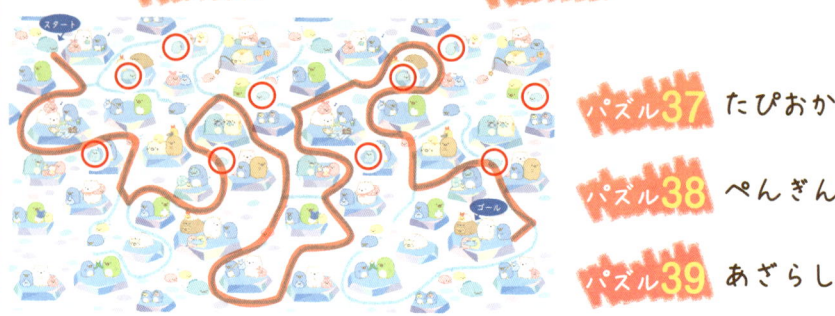

パズル37 たぴおか

パズル38 ぺんぎん

パズル39 あざらし

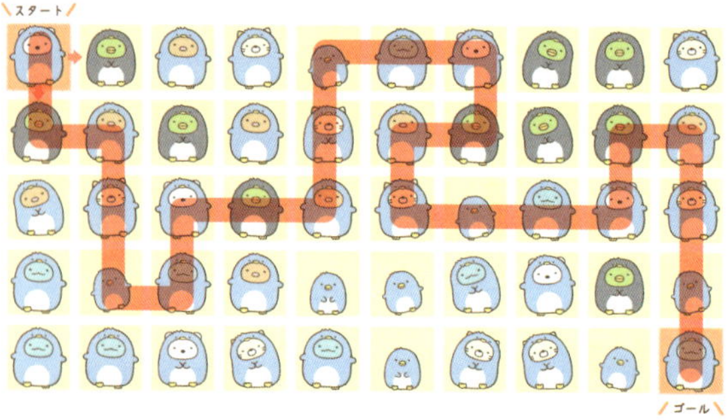

32〜33ページ

パズル40

34〜35ページ

パズル41 右の絵を見てね

パズル42 ねこ、しろくま

パズル43 りんご

パズル44 水色

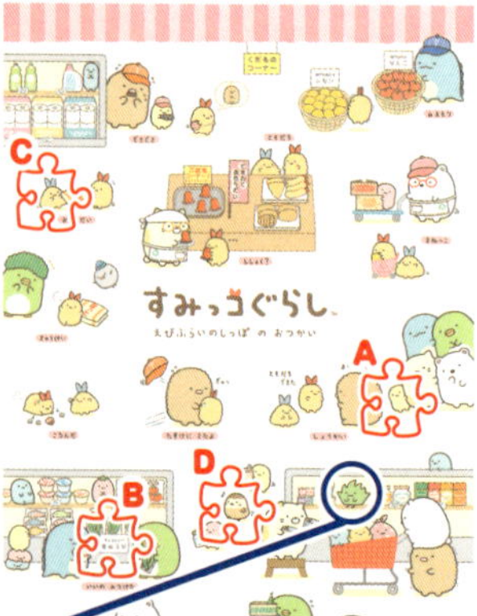

パズル45

パズル**52** 4匹〇

パズル**53** 5匹〇

パズル**54**

パズル**55**

パズル**56**

パズル**57**

11こ〇

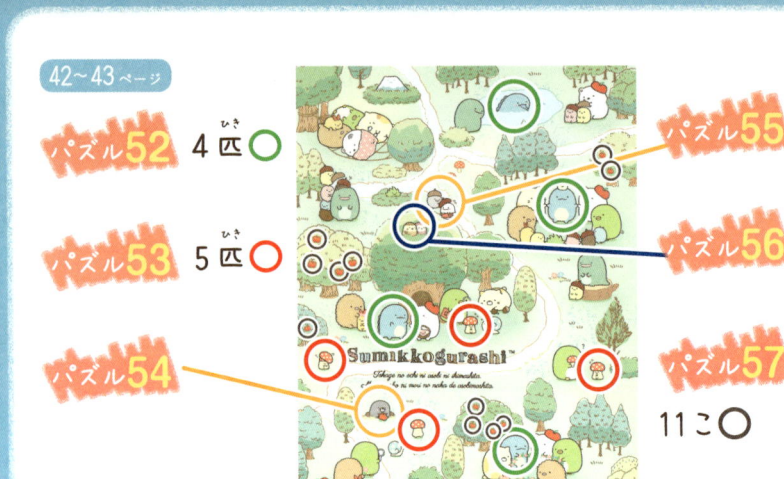

パズル**58**

左の絵を見てね

パズル**59** ねこ

パズル**60** とんかつ

パズル**61** ざっそう

たべもの パズル

おすし、アイスクリーム、お弁当…。
見ているだけでおなかがすいちゃう
パズルがたくさん♪

おまけパズル

このページにあるアルファベットを全部
つなげると、あるコトバが完成するよ。
ヒントはこの本に関係あるもの！

すみっコたちがスイカといっしょにまったりしているよ。
右ページの絵にあてはまるパズルのピースを選んでね。
使わないピースもあるよ！

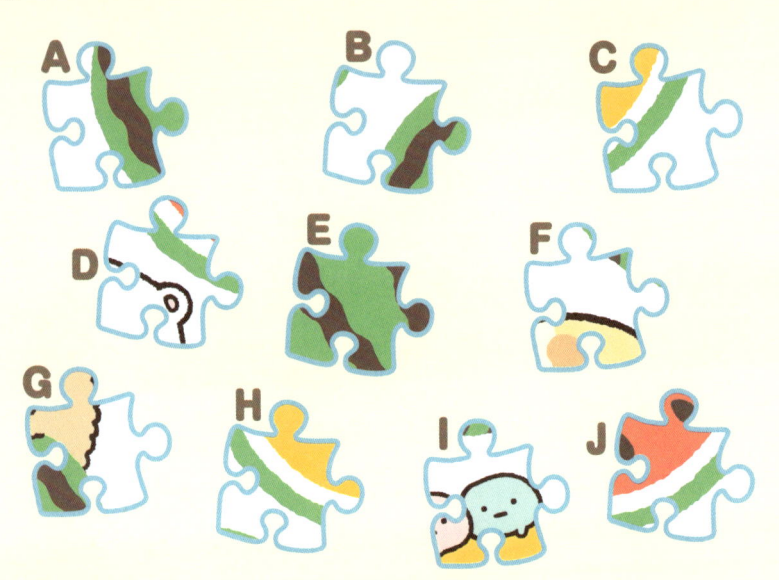

下に４つのうちわがあるよ。それぞれ、
どのすみっコのうちわかな？

すみっコぐらし™

パズル64

すみっコたちがお祭りにやってきたよ。
ゴールにいるすみっコたちが
持っているものだけを1つずつ
全部集めて、迷路をたどってね。
同じ道は2回通ったらダメだよ。

スタート

ゴール

ひんやり

すみっコたちがおすしをつくっているみたい。
スタートからゴールまで、◯ にある
全部（ぜんぶ）のものを集（あつ）めて迷路（めいろ）をたどってね。
同（おな）じ道（みち）は2回（かいとお）通ったらダメだよ。

えびふらいのしっぽ

さかな

ねこ缶

きゅうり

おすし

ゴール

下のすしおけの中にある、おすしと同じものを
右ページから10こ探してね。

みんなで「喫茶すみっコ」にやってきたよ。
下の"喫茶店の順番"に合わせて、
絵の中に番号を入れよう。

"喫茶店の順番"
① お店に行く
② 注文に悩む
③ オーダーする
④ くつろぐ

いつもの　　お、おなじの…　　ふき　　ふき

み、みえない…

「喫茶すみっコ」で働くおばけの、とある1日だよ。
下の"働く順番"に合わせて、絵の中に番号を入れよう。

"働く 順番"

① 開店前の準備

② ざっそうに水をあげる

③ ほこりをそうじする

④ コーヒー豆をとる

⑤ コーヒーをいれる

⑥ ちょっと味見

⑦ お客さんをお迎えする

いらっしゃいませ…

おーい

すみっコのラテとマグカップがあるよ。
どれがだれのか、線（せん）で結（むす）んでね。

このたぴおかをつなげると、
文字がうかんでくるよ。なんて書いてあるかな？

このえびふらいのしっぽをつなげると、
文字がうかんでくるよ。なんて書いてあるかな？

SUMIKKOGURASHI™

Nokosazutabetene sumikko bento.

TAKO WIENER

1 Wiener ni ireme o ireru.

2 Frying pan de yoku yaku.

3 Ashi ga hiraitara kansei...

Obento no star!

TAMAGOYAKI

1 Tamago o waru. Yoku mazete aji o tsukeru.

2 Frying pan de yoku yaku. Hashi de kurukuru makeba....

3 Shirokuma tokusei tamagoyaki no kansei!

Yummy!

ONIGIRI

1 Gohan to Nori gu o yoi suru.

2 Gohan ni hitotsumami shio o furu. Sukina gu o nosete...

3 Shirokuma ni nigittemorau.

Shirokuma tokusei onigiri!

FRIED FISH

1 Sakana o yoi suru.

2 Tamago,komugiko,panko o tsu...

3 Tonkatsu no ofuro ni ireru.

Hokahoka!

左ページの絵にあてはまるパズルのピースを選んでね。使わないピースもあるよ！

さかなは最後にとんかつの ☐ に入れるよ。言葉を入れてね。

お弁当の中のみにっコは何匹？

お弁当の中のたぴおかは、何のおかずになりきっている？

ぺんぎん？と似た顔のウインナーはどこ？

パズル77 タテ、ヨコ、ナナメの列に、それぞれ違うすみっコを入れよう。

下の絵にあてはまる言葉を消そう。
残った文字をつなげると、どんな言葉になるかな？

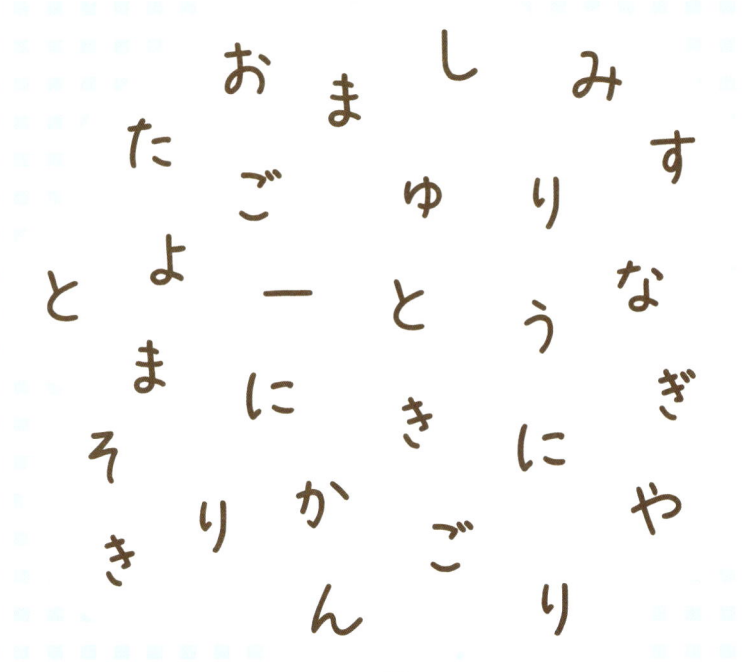

み
す
な
ぎ
や
り

し
り
う
に
り

ま
ゅ
と
き
ご

お
ご
ー
に
か
ん

た
よ
り
そ
き

と
き

すみっコの形をしたおいしそうなアイスがたくさん♪
左ページの絵にあてはまるパズルのピースを選んでね。

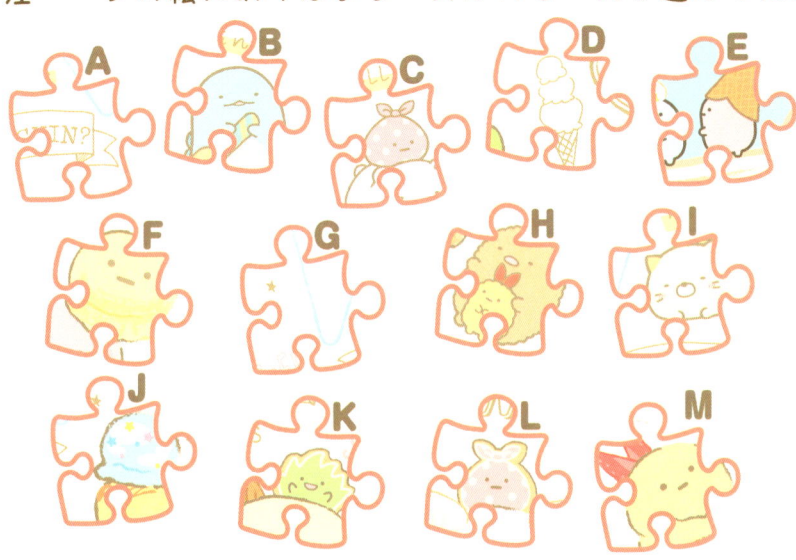

たぴおかは全部で何匹いる？

ねこのアイスの耳は何でできている？

パズル82

みんなでアイスパーティ！
全部(ぜんぶ)のアイスを通(とお)って
ゴールをめざそう。
同(おな)じ道(みち)は２回通(かいとお)れないよ。

スタート

ゴール

同じ組み合わせの
ぺんぎん？とぺんぎん（本物）を探そう。

①

②

③

④

⑤

⑥

⑦

⑧

パズル**85** 同じポーズのぺんぎん？を探そう。

パズル**86** 同じポーズのぺんぎん（本物）を探そう。

パズル**87** このアイスを
持っているのはだれ？

同じ組み合わせのアイスを探そう。

① ② ③ ④

同じ組み合わせのアイスを探そう。

① ② ③ ④ ⑤ ⑥

だれのシルエットかな？

だれの

シルエットかな？

同じ組み合わせの
たぴおかアイスが
2組あるよ。
どれとどれかな？

 ❶
 ❷
 ❸
 ❹

 ❺
 ❻
 ❼
 ❽

すみっコたちがスーパーに行ってきたみたい。
それぞれ、シルエットに
なっているよ。
きゅうりを買っているのはだれ？

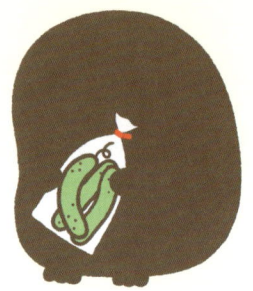

ふろしきのエコバッグで
お茶を買っているのはだれ？

おさかなを
買っているのはだれ？

パズル96

ミルクティーを
持っているのはだれ？

パズル97

えびふらいのしっぽと
手をつないでいるのは
だれ？

パズル98

おさかなと缶詰を
買っているのはだれ？

パズル99

スーパーの袋を
せおっているのはだれ？

たべもの パズルの 答え

<ruby>答<rt>こた</rt></ruby>え　たいへんよくできました

50〜51ページ パズル62

下の<ruby>絵<rt>え</rt></ruby>を<ruby>見<rt>み</rt></ruby>てね

パズル63 左から、しろくま、
ぺんぎん？、ねこ、とんかつ

52〜53ページ パズル64

54〜55ページ パズル65

56〜57ページ パズル66

58ページ パズル67

パズル68

① ② ③ ④ ⑤ ⑥ ⑦

パズル69

パズル70

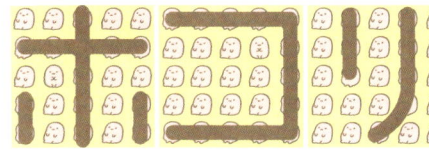

パズル71

トンカツ

パズル72　左の絵を見てね

パズル73　おふろ (ofuro)

パズル74

3匹 ◯

パズル75

ミニトマト

パズル76

64 ページ **パズル77**

65 ページ **パズル78** なかよし

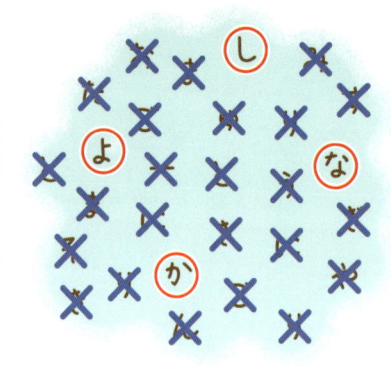

66〜67 ページ

パズル79 左の絵を見てね

パズル80 4匹○

パズル81 ナッツ（nuts）

パズル82
みんなでアイスパーティ！
全部のアイスを通って
ゴールをめざそう。
同じ道は2回通れないよ。

スタート

ゴール

68 ページ **パズル82** 右の絵を見てね

69 ページ **パズル83**

❶と❺

70 ページ **パズル84**

❷と❽

71ページ

パズル**85** ④ と ⑤　　パズル**86** ② と ④

パズル**87**　ぺんぎん？

72～73ページ

パズル**88** ① と ③　　パズル**89** ① ④

パズル**90**　しろくま

パズル**91**　えびふらいの しっぽ

パズル**92**

① と ⑧

④ と ⑤

74～75ページ

パズル**93**　ぺんぎん？

パズル**94**　しろくま

パズル**95**　とかげ

パズル**96**　たぴおか

パズル**97**　とんかつ

パズル**98**　ねこ

パズル**99**　にせつむり

79

おまけパズルの答え

9ページ
● t

29ページ
● 右の絵を見てね

49ページ
● sumikkogurashi

キャラぱふぇブックス
すみっコぐらし パズルブック

2018年11月22日　初版発行
2019年10月25日　5版発行

編　集	キャラぱふぇ編集部
監　修	サンエックス株式会社
編集協力	株式会社スリーシーズン（荻生 彩）

発行者	郡司 聡
発　行	株式会社KADOKAWA
住　所	〒102-8177　東京都千代田区富士見2-13-3
電　話	0570-06-4008（ナビダイヤル）

デザイン・DTP	株式会社ダイアートプランニング（上山未紗）
印刷・製本	大日本印刷株式会社

カスタマーサポート（アスキー・メディアワークス ブランド）
［電話］0570-06-4008（土日祝日を除く14時～17時）
［ＷＥＢ］https://www.kadokawa.co.jp/（「お問い合わせ」へお進みください）
※製造不良品につきましては上記窓口にて承ります。
※記述・収録内容を超えるご質問にはお答えできない場合があります。
※サポートは日本国内に限らせていただきます。